AF279090

NOTICE

SUR

HYPPOLITE-BALTHAZAR CHAILLAN

CHEVALIER DE LA LÉGION-D'HONNEUR

Né à Riez (Basses-Alpes), le 23 novembre 1817,

décédé à Saint-Vallier-sur-Rhône (Drôme), le 15 mai 1870

PAR

J.-E. M. DE LA PORTE

Professeur de l'Université, ancien Chef d'institution, Membre de la Société
d'archéologie de la Drôme, de la Société archéologique de Béziers
et d'autres Académies savantes,

Auteur de divers ouvrages sur l'archéologie et l'histoire, correspondant
du *Courrier de la Drôme* et de la *Presse Parisienne*,
etc., etc.

Ne léser personne et rendre
justice à chacun.

ROANNE

TYPOGRAPHIE ET LITHOGRAPHIE E. FERLAY, COURS PERSIGNY.

1870

A la veuve et aux enfants inconsolables

du regretté Chaillan.

AVANT-PROPOS

En publiant cet opuscule nous n'avons pas seulement l'intention
de sauver de l'oubli le nom d'un homme de bien, en donnant à
sa veuve et à ses enfants une preuve de notre sympathie, nous
avons voulu aussi rendre un hommage mérité à l'activité et au
courage de la brigade de gendarmerie de Saint-Vallier-sur-Rhône
et encourager les anciens et les futurs collègues de Chaillan
dans l'accomplissement de leur délicate mission.

Comme l'a dit le savant Villemain, « *La loi est la prudence
des sociétés.* » Ceux qui en sont les représentants sont donc di-
gnes de l'estime des honnêtes gens ; car si la loi frappe, elle
conserve, comme le temps, qui sème et moissonne. Cependant dans certaines contrées du Dauphiné, les populations redou-
tent, dénigrent même l'honorable corps de la gendarmerie, ce
corps qui veille continuellement sur la tranquillité publique ; ils
ne comprennent pas tout ce qu'il faut d'abnégation à ces fonc-
tionnaires pour remplir consciencieusement leur devoir et satis-
faire tous ceux qui les entourent. La courte notice que nous
rédigeons en l'honneur du maréchal-des-logis Chaillan prouvera
une fois de plus à ceux qui sont hostiles à ces agents de la

force publique, que dans cette position difficile, de même que
dans les postes les plus élevés, il y a des hommes d'élite qui
savent obtenir les récompenses données au mérite. Elle excitera
dans le cœur des enfants et dans celui de ses collègues une noble émulation pour les belles actions qui, pour être cachées, n'en
sont que plus estimables.

Dans son numéro du 18 mai, le *Courrier de la Drôme* annon-
çait la mort prématurée du brave Chaillan ; le lendemain un article nécrologique était consacré par nous, dans les colonnes de
la même feuille, à celui qui venait d'être enlevé si rapidemen
aux siens. Cet article, rédigé à la hâte, retraçait succinctemen
la carrière militaire de Chaillan ; aussi, pour répondre aux désir
des parents et des amis du légionnaire, nous sommes-nous em-
pressé de publier une notice plus étendue que la première e
sous une forme qui la mettra à la portée de tous ceux qui l
réclament comme un témoignage toujours vivant rendu à la mé
moire de cet homme de bien.

Puisse le double but, que nous nous sommes proposé, êtr
atteint !

St-Vallier, le 20 mai 1870.

NOTICE

sur

Hyppolite-Balthazar-Martin CHAILLAN

I.

Le dimanche 15 mai 1870, celui qui pendant près de dix ans avait représenté dignement l'ordre public à Saint-Vallier-sur-Rhône, Hyppolite-Balthazard Chaillan, chevalier de la légion d'honneur, ancien maréchal-des-logis d'artillerie et de gendarmerie, décédait dans cette ville, encore jeune, et alors qu'il venait de rentrer dans la vie privée, qui en le rendant à ses proches, lui permettait, grâce à une santé florissante, d'espérer encore de longs et heureux jours.

Né le 23 novembre 1817, à Riez, petite ville de Provence qui se cache au milieu de la verdure, entre de pittoresques montagnes, poétique séjour dont le souvenir fut toujours présent à sa pensée, il grandit fier et libre, se développant sous l'influence d'un climat vivifiant et d'une direction austère, qui lui donnèrent des dehors rudes et sévères.

Son père, Joseph-Balthazar-Antoine Chaillan, et sa mère Julie-Delphine Gros, tous les deux d'une famille très-aisée et des plus honorables, lui firent donner une instruction relativement solide pour l'époque, et en suivant ses classes de grammaire (latinité) il montra du penchant pour l'histoire et la géographie, connaissances variées qui devaient faciliter son succès et sa réussite dans la modeste carrière qu'il embrassa.

Ses goûts pour la chasse, l'équitation et l'escrime, lui valurent bien souvent des admonestations de ses paisibles parents, qui le destinaient à une carrière commerciale ou industrielle. Diverses causes gênèrent sa vocation et faillirent l'étouffer, il eut des contrariétés de toutes sortes: à cette nature indomptable mais bonne il fallait la vie active du soldat, l'agitation des camps et des casernes. Aussi son énergique bonne volonté eut-elle à triompher des obstacles qui semblaient se multiplier chaque jour. Nous n'avons pas à le suivre sans doute dans sa carrière militaire ; la paix qui régnait durant le temps qu'il passa sous les drapeaux ne put le favoriser ; cependant si l'on constate son point de départ, les difficultés de ses débuts, on reconnaîtra aisément que Chaillan obtint, dans sa modeste position, tout ce que l'intrépidité d'un homme peut lui faire mériter. Il nous suffira de signaler succinctement les diverses phases de sa carrière militaire pour qu'on comprenne tout ce qu'il fallut de courage et d'opiniâtreté à cet homme pour arriver.

Apparttenant à la classe de 1837, le sort le fit soldat, à sa grande satisfaction, et en 1838, il fut incorporé au 14e régiment d'artillerie. Dès son entrée au corps, il se fit remarquer par ses connaissances hyppiatriques, son adresse au tir et sa fidélité au réglement : nommé artificier le 7 janvier 1840, il fit dès ses débuts preuve d'intelligence dans ce modeste emploi, et fut, le 1er octobre suivant, promu au grade de brigadier.

Son activité et son zèle infatigables lui valurent, le 9 mars 1842, le grade de maréchal-des-logis, et il allait se décider à faire de la carrière militaire son état pour l'avenir, lorsqu'il fut appelé par des affaires de famille dans les Basses-Alpes, à Riez, sa ville natale. Il demanda un congé et l'obtint le 10 mai 1843. Les instances des siens le décidèrent à prendre son congé définitif : il fut licencié le 31 décembre 1844. En quittant le 14e d'artillerie il emporta les regrets de ses supérieurs hiérarchiques qui l'estimaient comme bon soldat, instructeur capable, et qui ne cessaient de lui prédire un bel avenir dans l'artillerie.

Il rentra dans ses foyers nanti des plus beaux certificats pour y goûter seulement quelques jours de repos. On ne trouvera pas cette énumération superflue, car notre devoir de biographe est de montrer que tous les moments de sa vie publique furent utiles à la société.

II.

Revenons à notre principal but : notre devoir est plutôt d'esquisser sa vie comme agent impartial de la loi et de rappeler le plus brièvement possible les services qu'il rendit dans l'exercice de ses fonctions.

Habitué au régime disciplinaire, la vie sédentaire ne convenait guère à Chaillan ; aussi à peine eut-il quitté le régiment, qu'une décision ministérielle, en date du 7 janvier 1845, le nomma gendarme à cheval de la compagnie de la Drôme (18e légion), et le 3 mars suivant il prêta serment pardevant le tribunal civil de Montélimar. Il fut ensuite attaché successivement aux brigades de Grignan et de Montélimar, dans lesquelles il débuta très-bien et se concilia les sympathies de tous.

Le 8 juin 1852, une nouvelle décision ministérielle le nomma brigadier à Donzère, joli bourg de la Drôme, où, durant les quelques années qu'il y passa, il sut se faire chérir de la population, au milieu de laquelle il a laissé les meilleurs souvenirs. Ce fut dans cette résidence, chantée par plusieurs poëtes dauphinois, qu'il pensa à s'adjoindre une épouse dévouée, appartenant à une des familles les plus estimées de Donzère, et à la suite d'une autorisation du Conseil d'administration de la compagnie de la Drôme, en date du 20 janvier 1854, il épousa une femme accomplie, au cœur d'or, qui devait être sa digne compagne, et. hélas ! lui fermer les yeux, Rose-Alphonsine Ibot, dont nous avons connu la sœur appartenant à une congrégation de religieuses, et directrice habile d'un pensionnat de demoiselles.

La vie de famille devait développer les qualités de l'ancien soldat, et à partir de son mariage, Chaillan se trouva plus heureux. Il était un peu fataliste et un peu superstitieux : aussi ne douta-t-il plus de son étoile, lorsque le 23 novembre 1854, trente-sept ans jour pour jour après sa naissance (il était né aussi le 23 novembre), il lui naquit un fils, Célestin-Hippolyte, qui devait être tout son espoir.

Il fut dans la suite pour son enfant ce qu'il avait été pour ses subordonnés, c'est-à-dire qu'il sut allier la douceur à la sévérité. Malgré les prières de l'enfant qui préférait les douceurs du foyer paternel au régime universitaire, malgré les instances d'une mère, l'ange gardien du foyer domestique, il maintint son fils au Lycée impérial de Tournon, dans les cours de l'enseignement secondaire spécial.

Admis à trois chevrons le 1ᵉʳ janvier 1853, Chaillan passa de Donzère à Loriol, toujours en qualité de brigadier, et fut promu, le 25 juin 1857, au grade de maréchal-des-logis, en résidence à Die. Dans ce chef-lieu d'arrondissement, sa position était plus difficile que dans les postes précédents ; il mérita cependant, là comme partout, l'estime générale durant les deux ans qu'il y commanda la gendarmerie.

Enfin, le 27 septembre 1859, une décision du ministre de la guerre l'appela à la tête de la brigade de gendarmerie de Saint-Vallier-sur-Rhône, qui devait devenir sa ville adoptive et sa dernière résidence. Une grande responsabilité incombait dès-lors à Chaillan, comme chef de la force publique d'un important canton ; aussi son inébranlable fermeté ne se démentit jamais dans les circonstances épineuses de sa position. S'il savait réprimer sévèrement au besoin, il savait aussi récompenser le mérite ; ses subordonnés l'estimaient et le craignaient, parce qu'ils reconnaissaient en lui un chef sévère, mais impartial. Plusieurs d'entr'eux, encore attachés à la brigade, ont eu la complaisance de nous donner quelques détails sur leur ancien supérieur: nous profitons de l'occasion pour les remercier bien sincèrement, car leurs renseignements nous ont été très-utiles pour composer cette notice.

III.

Si Chaillan, dans l'artillerie, n'eut pas de nombreuses occasions de se montrer, il n'en négligea aucune dans la gendarmerie. Durant l'insurrection de 1851, il se distingua par plusieurs actes de dévouement,

ainsi qu'il conste de ses états de services (campagne à l'intérieur).
Les inondations de mai et de juin 1856 lui fournirent aussi les moyens
de se signaler, en se dévouant pour ses semblables. Il ne devait
pas s'arrêter en si bon chemin ; son intrépidité rare devait lui faire
obtenir des récompenses honorifiques. En 1865 , le 31 mars , ayant
appris qu'un homme avait été assassiné et deux autres grièvement
blessés, la veille, dans une auberge de Sillon-sur Sarras (Ardèche),
après avoir lancé sa brigade dans plusieurs directions, il partit lui-
même, à pied, avec le gendarme Brunand, de la gare d'Andancette, et se
mit à la poursuite du meurtrier Arsac, dont il parvint à s'emparer
près de St-Cyr (Ardèche), malgré les plus grandes difficultés et grâce
à son dévoûment, à son intelligence et à son zèle. Il ne se contenta pas
de cette arrestation ; par les renseignements qu'il recueillit et dont il
se servit avec une célérité incroyable, il amena l'arrestation du com-
plice du meurtrier. A la suite de cette importante capture opérée de
concert avec le gendarme Brunand, Chaillan fut cité à l'ordre de la
légion le 12 avril 1865, et le 14 août de la même année un décret lui
conféra la médaille militaire.

Encouragé par cette récompense bien méritée, le nouveau médaillé
redoubla de zèle dans son service; une nouvelle occasion ne tarda pas
à se présenter. Depuis longtemps la gare d'Andancette, d'une grande
importance alors par son transit avec Annonay, était le théâtre de vols
nombreux et importants, pratiqués par une bande organisée ; le chef
de gare attermoyait toujours, pensant arriver à découvrir les vrais cou-
pables. Le gendarme *Michat*, digne compagnon de son chef, étant par-
venu à obtenir des renseignements précis sur la bande de voleurs,
en informa Chaillan, qui de concert avec Michat voulut connaître les
auteurs des méfaits. Les difficultés qui surgirent ne les rebutèrent
pas ; à la suite de nombreuses enquêtes et perquisitions, de démarches
réitérées et connues du seul *Michat*, qui se dévoua en cette circonstance,
Chaillan et son collègue arrêtèrent les voleurs composant cette bande.

Cette dernière action devait lui valoir la croix des braves ; cité d'a-
bord à l'ordre de la légion , un décret impérial du 28 décembre 1867
le nomma chevalier de la légion d'honneur. Digne récompense de services qui, sans être éclatants, il est vrai, n'en avaient pas moins été
utiles, car le nouveau légionnaire n'avait jamais craint d'affronter les
plus grands périls pour remplir une mission. Il fut heureux de ce
témoignage de la satisfaction du Souverain ; il regretta seulement que
son intelligent et zélé collaborateur, le brave *Michat*, qui dans toutes
les circonstances difficiles ne lui fit jamais défaut et qui l'a assisté
dans ses derniers moments, n'ait pas été récompensé. Chaillan était
depuis longtemps à la tête de la brigade de Saint-Vallier; il fut, sur sa
demande, par décision du 26 mars 1868, admis à faire valoir ses droits
à la retraite, et fut remplacé par un homme d'élite, digne de comman-

der la gendarmerie, M. Durand, qui semble avoir pris à tâche de se distinguer, comme son prédécesseur, par un zèle et une intelligence peu ordinaires.

Trois gendarmes, de ses anciens camarades, sont encore à Saint-Vallier, attachés à la brigade, savoir : Michat, le doyen d'âge, qui étant gendarme à Suze-la-Rousse, montra un grand courage en arrêtant seul un ex-forçat gracié, coupable de vol, et depuis trois mois la terreur de la contrée ; Brunand, son collaborateur dans l'arrestation de Saint-Cyr, et Mourier, qui se fit aussi maintes fois remarquer dans les circonstances périlleuses.

Le nouveau retraité ne devait pas profiter longtemps du repos acquis par trente ans de loyaux services ; les habitudes d'une vie active et sa nature ardente étaient en opposition avec le régime sédentaire. Sa robuste santé, éprouvée parfois par des douleurs rhumatismales, semblait lui permettre encore de longs jours ; le 30 septembre 1869, la naissance d'un second fils, image vivante de son père, vint encore augmenter la joie de ses derniers moments, autant que les succès scolaires de son fils aîné. Il s'alita quelques jours seulement ; sa maladie fut courte, mais douloureuse ; homme franc et cœur généreux, il accomplit ses derniers devoirs religieux avec bonheur. Il regrettait qu'il ne lui fût plus donné de voir grandir son fils encore au berceau, afin de se réjouir, comme du premier de ses succès. Il exprimait encore le 8 mai, jour du plébiscite, à son ancien collègue *Michat*, ses regrets de ne pouvoir se lever pour voter et adhérer au plébiscite. Enfin, le dimanche 15 mai, à deux heures de l'après-midi, calme, résigné, après avoir fait ses adieux à son épouse éplorée et à son fils, il a rendu le dernier soupir, entouré des siens.

IV.

Les obsèques solennelles de Chaillan ont eu lieu le mardi 17 mai, avec un grand concours d'assistants de toutes conditions. La population de Saint-Vallier-sur-Rhône, sa ville adoptive, avait voulu rendre un dernier hommage à ses services signalés en l'accompagnant au champ du repos. Le deuil était conduit par M. Célestin Chaillan fils aîné, lycéen, et par MM. Ibot, de Donzère, beaux-frères du regretté défunt. Les coins du poêle étaient tenus par MM. Conjard, chevalier de la légion-d'honneur, décoré de la médaille militaire et de la médaille commémorative de Crimée ; Magnat, chevalier de la légion-d'honneur, décoré de la médaille militaire et des médailles commémoratives de Crimée et d'Italie ; Turc, chevalier de la légion-d'honneur ; Trébuchet, maréchal-des-logis de gendarmerie, décoré de la médaille militaire.

Un détachement de sapeurs-pompiers, commandé par le sous-lieutenant Valette, lui rendait les honneurs militaires ; la brigade de gendarmerie de Saint-Vallier, ayant à sa tête son chef auquel avait été adjoint M. Aquidand, adjoint-trésorier de gendarmerie à Valence, accompagnait le cercueil en grande tenue.

Dans le cortége, disposé sur deux rangs par les soins du garde-champêtre, on remarquait, outre un grand nombre d'habitants de Saint-Vallier, plusieurs chevaliers de la légion-d'honneur, quelques médaillés de Saint-Hélène (le nombre n'en est plus que de 13), entr'autres un vieux débris des campagnes d'Espagne, plus qu'octogénaire, le père Tonnérieu, beaucoup de décorés de la médaille militaire et de médailles commémoratives. L'autorité était représentée par plusieurs membres du Conseil municipal et un secrétaire de mairie, le juge-de-paix, le commissaire de police, chevalier de la légion-d'honneur, le chef de gare et beaucoup de notables de la ville.

Trois prêtres ouvraient la marche du cortége funèbre, et la foule nombreuse suivait en ordre et recueillie.

Sur la tombe encore béante, le brave commandant de la gendarmerie de Saint-Vallier, M. Durand, d'une voix forte mais émue, a, au nom de la gendarmerie, prononcé un discours simple mais bien pensé. Après avoir retracé avec concision la carrière militaire de Chaillan, et parlé de ses vertus privées, il a terminé ainsi : « L'empressement que met la popu-
» lation de Saint-Vallier à lui rendre les derniers devoirs, prouve une
» fois de plus que, pendant les dix années qu'il a passées au milieu
» d'elle, en qualité de commandant de la gendarmerie, il a su conquérir
» l'estime et l'affection de tous les honnêtes gens.

» Que nos regrets soient une consolation pour sa veuve inconsolable
» et que ses enfants trouvent dans la conduite de leur père un noble
» exemple.

» Va ! brave camarade, va jouir du repos dans le sein de Dieu, et
» reçois ici, comme dernier adieu, l'expression des regrets de tous ceux
» qui t'ont connu.

» Adieu, Chaillan, ou plutôt au revoir !!! »

Ces paroles pleines de sentiment, et qui font l'éloge de leur auteur, ont vivement impressionné l'assistance et on se rappellera encore longtemps à Saint-Vallier la bravoure du chevalier Chaillan.

FIN.